会论基础
urch Basics

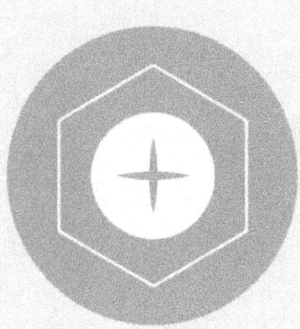

认识
主餐

拿单·李曼　主编
比·杰米森　著

认识主餐

丛书编辑：约拿单·李曼（Jonathan Leeman）

作者：鲍比·杰米森（Bobby Jamieson）

翻译：李茹君

编辑：赵　然

出版：忠信福音出版社

网址：www.befaithful.net

ISBN：978-1-958708-97-2

电子书 ISBN：978-1-965805-34-3

除非特别说明，本书所有经文均引自和合本圣经。

目　录

"教会论基础"系列丛书前言   1

简介   3

第一部分　概述

第一章　速食快餐   9

第二章　宝血成就   13

第三章　与谁为伴   17

第四章　聚会   21

第五章　把最好的留到最后   25

第二部分　标记的意义

第六章　什么是主餐？   31

第七章　主餐使我们成为什么？   43

第三部分　主餐的规划

第八章　什么样的聚会可以举行主餐礼？   53

第九章　谁可以领主餐　　　　　　　　　　　59

第十章　谁来主领　　　　　　　　　　　　71

第十一章　教会应当如何举行主餐礼?　　　75

第十二章　个人应如何对待主餐?　　　　　81

经文索引　　　　　　　　　　　　　　　　87

"教会论基础"系列丛书前言

基督徒生活就是教会生活。这一来自圣经的基本信念将贯穿于"教会论基础"系列丛书的每一本书中。

这个信念反过来也会影响每本书的作者如何来处理他所写的主题。例如，《认识主餐》（*Understanding the Lord's Supper*）会表明主餐不是你和耶稣之间私人性的神秘行为。主餐是围坐在家庭饭桌旁一起吃饭，你和基督及基督的百姓在其中彼此相交。《认识大使命》（*Understanding the Great Commission*）中写到大使命不是仅仅命令个人到万邦中为耶稣作见证，而是给整个教会的命令并由整个教会来完成。《认识会众的权柄》（*Understanding the Congregation's Authority*）中观察到教会的权柄不只是在领袖身上，也在全体会众身上。每个成员——包括你——都有自己需要负的责任。

每本书都是为普通教会成员而写的，这点很重要。如果基督徒生活就是教会生活，那么你作为一个已经受洗的信徒和教会成员就有责任了解这些基本的主题。正如耶稣命令你要传扬和保守他的福音信息一样，他也命令你要激励和保护他在福音里的百姓，就是教会。这些书将解释如何去做。

你就好像一位"基督福音事工公司"的股东。一个好股东该做什么呢？他们研究自己的公司、研究市场，也研究竞争机制。他们希望自己的投资利益最大化。你，作为一位基督徒，正是把你的整个生命投资在了福音中。那么，本系列丛书就能帮助你为了神荣耀福音的目的，使你所在的地方教会在本身的健康和国度事工上的利益都得到最大化。

准备好开工了吗？

约拿单·李曼（Jonathan Leeman）

丛书编辑

简 介

一顿饭有时能让你感到宾至如归，有时却恰恰相反。没什么能比和挚爱的家人或朋友一起吃顿家常便饭更让人惬意的了。同样的，也没什么比在一个风俗怪异的地方和从未见过的人一起吃从未听说过的食物更让你觉得自己是个陌生人的了。最近，我和家人搬到了英国，在那里，像煮豌豆这样微不足道的任务都承载着社会意义。豌豆！？我知道。可不是嘛。

如果你问大多数基督徒他们是否在教会吃饭，他们可能会这样说："哦，不，我们不在教会吃饭，但聚会之外我们偶尔聚聚餐。"从某种程度来说，这就够了。

但是主餐呢？当然，它可能不足以让你填饱肚子，但你们依然坐在一起又吃又喝。对于耶稣和他的子民来说，这顿饭意味着什么？它与归属神的家有什么关系？

这是一本入门的小书，它简要介绍了圣经中关于主餐的教导，是为所有基督徒而写，就是那些有兴趣更多了解耶稣所赐主餐的人。有几章内容与教会领袖有关，但这些内容也适用于整个教会。

我写这本书有三个目标，它们彼此间的界限不那么明确：

一、查考圣经依据。首先，我们要考查、总结和整合圣经关于主餐的教导。这是本书一至七章的主旨。前五章概括了圣经对主餐的教导：它的起源是逾越节（一章），它为耶稣所设立（二章），保罗关于主餐的指示（三至四章），以及它预表将来的羔羊婚宴（五章）。第六章通过分析主餐的定义将上述所有内容联系在一起。

二、将主餐和教会联系起来。我的第二个目标出现在第七章，尽管之前一直都有提及：主餐与地方教会有何关系。实际上，主餐的作用是使教会成为教会，使许多人合而为一。很少有基督徒（甚至很少有牧师）仔细思考过主餐与地方教会的关系有多紧密。所以，我想着重论述主餐对于塑造教会文化的重要性。

三、提供实用的建议。我的第三个目标是，就教会和基督徒个人应如何领受主餐提供合乎圣经、切实可行的建议。因此，在八至十二章中，我提出了一系列问题，并根据一至七章描绘的圣经图景给出回答：什么样的聚会可以举行主餐？谁可以领主餐？谁来主领？教会应该如何举行主餐礼？

最后，个人应该怎样对待主餐？

这本小书有一个姐妹篇，叫《认识洗礼》（*Understanding Baptism*）。这两本书互为补充。本书简要论述的一些问题在那本书里有更深入地讨论。此外，在写这两本小册子之前，我还写了一本更重要的书，叫《公开见证：为什么受过洗才能加入教会成员》（*Going Public: Why Baptism Is Required for Church Membership*）。本书的六、七两章总结了那本书第六章的某些观点，我还借用了两本书一些内容重合的地方。我要感谢出版社的工作人员，让我可以撷取一二以飨读者。

虽然你很快就会读到这些内容，但我仍然很想告诉你：我希望这篇简介能激发起你对本书其余部分的兴趣。我们将从圣经中主餐的起源开始，从一顿人们匆忙间所吃的晚餐开始。

第一部分

概述

第一章

速食快餐

当神把他的百姓从埃及地领出来的时候，他吩咐他们随身带些食物，或者至少带些速食。正是这餐人们匆忙预备的饭食，定义了一个族群。它告诉以色列人：他们是谁、他们从哪里来以及神是如何拯救他们的。

雅各的子孙被法老欺压，神就怜悯他们。神纪念自己曾应许亚伯拉罕说，要把他的后裔带到迦南地（参见创15:12-17；出2:23-25）。于是神打发摩西和亚伦去，要求法老释放百姓。但法老不肯让这些奴隶离开，因这些人是他获利的工具。于是神接连不断地降灾在埃及人身上（参见出4-10）。最后，神宣布他要击杀埃及地一切头生的，因为法老拒绝让神的长子以色列人离开（参见出4:22-23，11:1-10）。

以色列人已经准备好离开埃及。在百姓蒙拯救的前夜，神吩咐他们要宰一只一岁大的绵羊或山羊，把它的血涂在他们的门楣上，然后用火烤了，当晚吃掉羔羊的肉（参见出12:1-8），并且与无酵饼和苦菜同吃（参见出12:8）。耶和华甚至还吩咐他们该怎样吃："你们当腰间束带，脚上穿

鞋，手中拿杖，赶紧地吃，这是耶和华的逾越节。"（出
12:11）这不是一顿可以慢慢享受的饕餮盛宴，而是包括了要
在旅途中吃的食物。

但它不仅仅是一顿饭。百姓涂抹在门楣上的血救了他
们：

> 因为那夜我要巡行埃及地，把埃及地一切头生
> 的，无论是人是牲畜，都击杀了，又要败坏埃及一
> 切的神。我是耶和华。这血要在你们所住的房屋上
> 作记号，我一见这血，就越过你们去，我击杀埃及
> 地头生的时候，灾殃必不临到你们身上灭你们。（出
> 12:12-13）

为什么神会存留他子民的性命？不是因为他们配活下
去而埃及人不配。神越过他的子民是因为他们被祭牲的血遮
盖。

神命令他的百姓每年守逾越节作为纪念（参见出12:14-
20、24-27）。每年的这个节日，以色列人要从家中除酵，
宰杀逾越节的羊羔，并与无酵饼和苦菜同吃。

人们在每年的这个节日庆祝神把他们从埃及拯救出来。
孩子们将从这顿饭食中学到神如何拯救了他的百姓（参见出

12:26-27）。每年的这日，以色列人都会纪念神使他们得了自由，救赎了他们，实现了使他们成为神百姓的应许。

这顿饭标志着他们这个民族的诞生。以色列人是谁？是神从埃及拯救出来的一群人。每年的逾越节都提醒他们，他们是一个族群，是唯一一个神从奴役中拯救出来归于自己的族群。

因此，只有以色列人可以守逾越节的例，而外邦人却不能（参见出12:43）。如果外邦人想要守逾越节，那么他和他家里的男丁必须先受割礼，"像本地人一样"（出12:48）。逾越节定义了以色列人的身份，进而也确立了以色列人的会众身份："以色列全会众都要守这礼。"（出12:47）只有以色列会众才可以守这节。

因此，以色列人年复一年、世世代代都要守逾越节。神对第一代的以色列人说："当那日，你要告诉你的儿子说：'这是因耶和华在我出埃及的时候为我所行的事。'"（出13:8）当然，不只第一代以色列人中的父亲们会这样说。在另一个一年一度的节日里，后来的以色列人按着神的吩咐回想他们当时出埃及的情景，并说到："埃及人恶待我们，苦害我们……耶和华听见我们的声音。"（申26:5-8）同样地，世世代代的以色列人都会说："这逾越节是因我出埃及的时候耶和华为我所行的事。这救恩不仅仅是给当时的他们的，也是给现在的我们的。"

　　在出埃及的过程中，神用祭牲的血为自己拯救了一个族群。他救他们脱离被奴役的生活，并使他们归于自己。在那次伟大拯救行动的前一天晚上，他为他们预备了一顿饭以示庆祝，并且要求他们从那以后要每年守这节。这顿饭定义了这群人的身份。此后，他们所有人都要领受这餐，但其他人却不可以。人吃这饭时，借着重温自己得救的经历，将神过去的拯救行动带到了现在。它提醒每一个以色列人，他们曾经在埃及地为奴，而他们的神是拯救的神。

第二章

宝血成就

你做过的最严肃的承诺是什么？你是如何兑现这个承诺的？

当你买房时，你以签订合同的形式承诺付款给房主，这使你的承诺具有法律约束力。当丈夫和妻子结婚时，它们在证人面前宣读誓言，而且常常会用交换戒指作为彼此承诺的一种标志。

耶稣用自己的宝血成就了神对他子民最伟大的应许。在他被钉十架的前一天晚上，他和门徒一起吃逾越节的筵席（参见路22:14-15）。但他把逾越节变成了一个新的节日，使它似乎不再是指从埃及得拯救，而是指神在十字架上所施行的救恩（参见太26:17-28；可14:12-26；路22:7-22）。

路加告诉我们，耶稣盼望和门徒一同吃这筵席："时候到了，耶稣坐席，使徒也和他同坐。耶稣对他们说：'我很愿意在受害以先和你们吃这逾越节的筵席。'"（路22:14-15）圣经假设在逾越节当日家人会在一起吃席。因此，为父的必须要向孩子们解释它的含义（参见出13:14）。但是这个逾越节却不同以往。耶稣借着与门徒一同守逾越节，把朋友变成了家人。他是在说，他的家人就是那些接受他作挽回祭的人。

在这次逾越节的筵席上，耶稣"拿起饼来，祝谢了，就擘开，递给他们，说：'这是我的身体，为你们舍的，你们也应当如此行，为的是记念我。'"（路22:19）"饭后也照样拿起杯来，说：'这杯是用我血所立的新约，是为你们流出来的。'"（路22:20）耶稣重新定义了逾越节，为的是告诉他的门徒如何理解他即将赴死。他的死不是偶然，也不是错误。它不会让耶稣感到意外，更没有违背他的意愿。相反，耶稣将为他的门徒舍了身体（参见路22:19），他的血"为多人流出来，使罪得赦"（太26:28）。

耶稣的死最终使神所应许的新约成为事实："这杯是用我血所立的新约，是为你们流出来的。"（路22:20）几个世纪以前，神应许说要与他的子民另立新约（参见耶31:31-34）。在这个新约里，神要把他的律法写在人们心里，由内而外地改变他们，叫他们爱他所爱的，遵行他所吩咐的。他们从最小的到最大的都将认识他。最后，他要完全赦免他们，不再记念他们的罪。

耶稣说，这一切都将通过他的死来成就。神要用耶稣的血来成就新约的应许。

　　耶稣拿起饼来说："这是我的身体。"又拿起杯来说："这是我的血。"（太26:26-28）他是如何将这顿饭的两个要素和他自己联系起来的呢？他将饼和酒当成是新约的标志。他把它们和神的新约应许联系在一起，正如我们把戒指和婚姻誓言联系在一起。我可以对我妻子说："这枚戒指代表我爱你、珍惜你、关心你、供养你的承诺。当你看到它戴在你的手指上时，就会想起我对你的承诺。"

　　耶稣并不是说饼和酒变成了别的什么东西。相反，他根据这两个标志所指向的事物来命名它们。他将饼和酒当成是神新约应许的标志，因此他吩咐门徒以后也要如此行，为的是记念他："这是我的身体，为你们舍的。你们也应当如此行，为的是记念我。"（路22:19）正如逾越节是一个世世代代永远的定例（参见出12:14），耶稣把他和门徒这顿最后的晚餐变成了一个全新的纪念仪式，这顿新的饭食定义了那些因耶稣之死而得救之人的身份和归属。

　　在十字架上，神借着耶稣所流的宝血为自己拯救了一个族群。他救他们脱离罪恶，使他们归于自己。在这伟大救赎行动的前一天晚上，耶稣为他们预备了一顿饭以示庆祝，并要求他们从那以后要每年守这节。在接下来的章节中我们将看到，这顿饭表明了神在基督里新造子民的身份。他们所有人都要来领受这餐，但其他人却不可以。人吃这饭时，借着重温自己得救的经历，就把神过去的拯救行动带到了现在。它提醒我们每个基督徒，我们曾在罪中失丧，而我们的主耶稣是拯救我们的神。

第三章

与谁为伴

大多数父母最担心的事就是孩子们结交到坏朋友。有时这会导致父母亲对孩子的过度保护。更多的时候，它反映出一种对人性的基本观察：我们会变得越来越像那些我们花时间与之相处的人。使徒保罗像一位慈父一般，关心着哥林多教会成员会与谁交往，因为这个风险远比决定和极限运动爱好者、富二代或瘾君子出去玩的风险要高得多。

在《哥林多前书》10章14至22节中，使徒保罗警告这些信徒不可吃祭祀偶像之物，他劝勉他们说："我所亲爱的弟兄啊，你们要逃避拜偶像的事。"（14节）为了证明自己的论点，保罗首先提到了主餐："我们所祝福的杯，岂不是同领基督的血吗？我们所擘开的饼，岂不是同领基督的身体吗？我们虽多，仍是一个饼、一个身体，因为我们都是分受这一个饼。"（16-17节）

保罗的主要观点是，当我们领受主餐时，就一同领受了基督的死所带来的恩惠。因为我们与基督相交，所以我们也彼此相交。在主餐中，我们与基督和教会同心同行。

接着保罗提到，旧约里那些吃祭物的以色列人也在祭坛上"有份"（18节）。他们将自己与这祭物联系起来，并领受恩惠。保罗不希望哥林多人将自己与偶像联系起来，也不希望他们向偶像求好处！

其次，保罗还澄清了一些误会："我是怎么说呢？岂是说祭偶像之物算得什么呢？或说偶像算得什么呢？我乃是说：外邦人所献的祭是祭鬼，不是祭神，我不愿意你们与鬼相交。"（林前10:19-20）一方面，异教徒崇拜的神根本不存在：神只有一位（参见林前8:4）。另一方面，当我们把偶像当做真实存在的事物来崇拜时，这不仅反映出魔鬼对我们的影响，也会招致它进一步的毁坏。哥林多的信徒不该与这种邪恶的权势有任何瓜葛。

忠于基督和忠于偶像是相互排斥的："你们不能喝主的杯，又喝鬼的杯；不能吃主的筵席，又吃鬼的筵席。"（林前10:21）耶稣是至高的主，但偶像不是。我们若与偶像相交，就不能与基督相交。我们若想脚踏两条船，就是在玩火："我们可惹主的愤恨吗？我们比他还有能力吗？"（22节）神要的是我们全心全意、绝对的忠心。

这里的重点是什么？保罗并不是反对基督徒与非基督徒交往（27节），而是说该如何对待异教徒所崇拜的假神。

虽然这段经文所阐述的重点不是主餐，但保罗在这里关于主餐的教导相当丰富，容易被人忽视。首先，这段经文告诉我们，早期的基督徒按着耶稣的吩咐实际所行的；他们同领饼和杯以纪念他为他们舍命。而且他们是作为一个地方教会行这事的。保罗认为，他笔下的哥林多教会作为一个整体一同分受了饼和杯（17节）。

保罗还描述了主餐中所发生的事情：我们"同领"基督的血和身体（16节）。这里的"同领"是什么意思？它的意思是，当我们这群相信耶稣的人领受主餐时，就经历到他的死所带来的益处。饼和杯是可以看见的应许，吸引我们思想耶稣用他宝血换来的赦免与和好的新约事实。借着主餐，我们与基督相交。我们与他同心同行。

在主餐中，我们既与基督同行，也与彼此同行。正如保罗在17节中所说的："我们虽多，仍是一个饼、一个身体，因为我们都是分受这一个饼。"我们与基督相交，也使我们能彼此相交。作为一个地方教会，我们成为一个身体，因为我们都是分受一个饼和它所代表的一切。因为我们与基督联合，所以在他里面我们也彼此联合。

主餐规定了我们作为基督徒是与基督以及在基督里的教会同心同行的。保罗依据其相互排斥的饮食来定义基督徒的身份与异教徒的身份。如果你属于基督，你就和他的子民一起吃主的筵席，而不是吃鬼的筵席。就像以色列人守逾越节一样，主餐定义了教会的身份，因而也定义了教会成员的身份。那些领主餐的人成了一个身体。只有在基督里的人才可以领受。

主餐生动地描绘出成为一个基督徒意味着什么。通过基督在十字架上为我们所做的牺牲，我们得以与他和他的子民相交。在耶稣赐给我们的这一餐中，我们尝到了这种双重相交的美好。在主餐中，我们不仅听到福音，也看到福音，甚至还品尝到福音的滋味。

第四章

聚会

用什么方法能彻底毁掉一场晚宴？这样做如何：比其他人先到，吃光所有食物，然后喝个烂醉。这么做绝对能行！

可悲的是，这正是哥林多教会的某些人在主餐聚会时的做法！保罗告诉哥林多人，他们在领受主餐时所做的实在没有什么可称道之处，"因为你们聚会不是受益，乃是招损"（林前11:17）。他们之间的分门结党破坏了教会的合一，是对主餐的无情讽刺："你们聚会的时候，算不得吃主的晚餐。"（林前11:18-20）这是为什么呢？

> 因为吃的时候，各人先吃自己的饭，甚至这个饥饿，那个酒醉。你们要吃喝，难道没有家吗？还是藐视神的教会，叫那没有的羞愧呢？我向你们可怎么说呢？可因此称赞你们吗？我不称赞。（林前11:21-22）

富有的教会成员将主餐聚会当作他们自己的私人派对。他们恣意放纵，排斥穷人，纵情享乐，不给别人留下任何东西。

为了劝勉这些信徒不要放纵，保罗提醒他们思想耶稣在最后的晚餐上的所言所行。耶稣告诉我们，这饼是他的身体，这杯是用他的血所立的新约（参见林前11:23-25）。最后他总结说："你们每逢吃这饼，喝这杯，是表明主的死，直等到他来。"（26节）领主餐就是表明基督的救赎之死。主餐宣告了福音。

主餐宣告了福音，也承载着福音的要求："所以，无论何人不按理吃主的饼、喝主的杯，就是干犯主的身、主的血了。"（27节）这就是为什么我们在领受之前应该自己省察的原因（28节）。而且，"因为人吃喝，若不分辨是主的身体，就是吃喝自己的罪了。"（29节）

"分辨主的身体"是什么意思？这个词的意思很难表达，但我认为，它主要是指认识到爱基督和爱神子民之间的关系，并将其活出来。如果你借着主餐表明基督的死，并且认定它的益处属于你自己，那么你就是把自己放在和所有相信并接受基督的人一样的位置上。你正置身于十字架下基督的子民中间。

你不能一边宣告主的死，一边藐视他的子民。主的死救赎了他的子民，并使他们合而为一。如果你藐视和厌弃基督的子民，你就是藐视和厌弃基督的死。如果你在领受主餐时将教会中较贫穷的成员排除出去并加以羞辱，就好比你在说基督只为你死了而没有为他们死。

因此，当保罗吩咐我们省察自己和分辨主的身体时，他并不是说我们只有在生活中没有罪或我们没有能向主认的罪时，才可以来领受主餐。没有人是完全的，也没有人能完全认识到自己的罪并且为罪悔改。相反，保罗的观点是，我们应该省察自己，以确保自己没有切断爱基督以及爱他子民二者间的关联。这也意味着，那些生活放纵与自己跟随基督的说法相矛盾的人不应领受主餐（参见林前5:9-11）。但对于那些真正相信基督并且与罪争战的人，主餐应该能坚固而非吓跑他们。

神审判了哥林多人，叫他们中的一些人患病甚至死亡（参见林前11:30），以回应这场令人震惊的以自我为中心的主餐礼。所以，保罗提醒我们，必须现在先分辨自己，免得最后被主审判（31-32节）。他最后提醒哥林多人说："所以我弟兄们，你们聚会吃的时候，要彼此等待。若有人饥饿，可以在家里先吃，免得你们聚会，自己取罪。"（33-34节）

主餐就是基督的整个身体聚在一起，宣告他的救赎之死，并以之为乐。它关乎借着拥抱基督的身体来表明基督的死，关乎我们聚在一起珍爱基督、看顾彼此。

第五章

把最好的留到最后

烟火表演和神的救赎计划有什么共同点呢？那就是，它们都把最好的留到了最后。

使徒保罗提醒我们，我们得救是在乎盼望，"只是所见的盼望不是盼望，谁还盼望他所见的呢？"（罗8:24）在我们的一生中，我们若盼望那所不见的，就必须忍耐等候（25节）。

但我们到底在等什么呢？圣经尤其是《启示录》为我们呈现出一幅光彩炫目的画面，告诉我们当神成就了他所有的拯救目的时生活将会怎样。那时会出现一个新创造，在其中神与他的子民面对面居住，只有医治、福乐和圣洁。

当神最终与他的子民缔结了永远长存、不可动摇之婚约的那一日，将会有一场盛宴。这场盛宴将远超有史以来任何人所举办的宴会。神把最好的留到了最后。

耶稣在设立主餐时曾经暗示过这场盛宴。他吩咐门徒喝他用自己的血所立的新约之杯后，又继续说："但我告诉你们：从今以后，我不再喝这葡萄汁，直到我在我父的国里同你们喝新的那日子。"（太26:29）主餐不只是为了让我们思想十架救恩，还让我们期待神国的到来，也期待耶稣与他百姓同享盛宴的那一刻。因此，保罗提醒我们说："你们每逢吃这饼，喝这杯，是表明主的死，直等到他来。"（林前11:26）当我们领受主餐的时候，我们不仅仅是在回忆过去，也是在预尝将来的盛宴。

圣经称教会为基督的新妇（参见弗5:22-33）。但在这个时代，我们已经订婚，却还没有结婚。婚礼即将举行：

> 我听见好像群众的声音，众水的声音，大雷的声音，说：
>
> "哈利路亚！
>
> 因为主我们的神，
>
> 全能者作王了。"
>
> 我们要欢喜快乐，
>
> 将荣耀归给他。
>
> 因为羔羊婚娶的时候到了，
>
> 新妇也自己豫备好了，
>
> 就蒙恩得穿光明洁白的细麻衣。
>
> 这细麻布就是圣徒所行的义。

天使吩咐我说："你要写上，凡被请赴羔羊之婚筵的有福了！"又对我说："这是神真实的话。"（启19:6-9）

基督与他子民婚娶的日子即将到来（7节），那些受邀参加婚筵的人将永远蒙福（9节）。这就是耶稣在他和他父神的国度里同我们再次喝新酒的日子。到那时，我们所信的将会成为事实；到那时，那些饥渴慕义的人终将得着满足；到那时，你曾经拥有的所有美好愿望都将完全得着满足。

早在基督来之前，神就藉着先知以赛亚应许说，这日子必来到：

在这山上，万军之耶和华必为万民用肥甘设摆筵席，用陈酒和满髓的肥甘，并澄清的陈酒，设摆筵席。他又必在这山上除灭遮盖万民之物和遮盖万国蒙脸的帕子。他已经吞灭死亡直到永远。主耶和华必擦去各人脸上的眼泪，又除掉普天下他百姓的羞辱，因为这是耶和华说的。

到那日，人必说："看哪，这是我们的神；我们素来等候他，他必拯救我们。这是耶和华，我们素来等候他，我们必因他的救恩欢喜快乐。"耶和

华的手必按在这山上。（赛 25:6-10）

　　神终将给死亡致命的一击，那时世上不再有悲伤和羞耻。神吞灭死亡的时候，他必赐美味给他的子民，就是他从万民中召聚的人。在那一日，神的子民不仅靠他得着满足，也在他里面得着满足，因他的救恩使他们欢喜快乐。

　　到那一天，我们的辛苦等待终将得到回报。我们所等候的神，我们为之献上一生的神，在一切事物销毁时我们紧紧抓住的神，将永远向所有人证明，唯有他配得如此。在那一天，我们唯一所能做的是因他的救恩欢喜快乐。

　　但现在，我们相信、盼望和等候。当我们领受主餐时，我们不仅回顾了十架救恩，而且期盼那将来的国度。饼和酒不仅有耶稣之死带来的撕裂和痛苦，也预表着神为他儿子和新妇永远在一起时所设摆的盛宴。就像耶稣在迦拿婚宴上用水变酒一样（参见约2:10），神把最好的留到了最后。

第二部分

标记的意义

第六章

什么是主餐？

在本书前五章中，我们撷取了圣经中有关主餐的五张快照：它由逾越节转化而来，它是耶稣设立的，保罗在《哥林多前书》10到11章有针对它的教导，以及它预表羔羊的婚宴。现在是时候整理出主餐的定义了。

在本章中，我将简单概括出主餐的定义，然后逐一分析定义中的每个词，用以说明如何从我们刚刚查考的经文中得出主餐的两个要素——饼和杯。

主餐的定义

什么是主餐呢？**主餐是教会与基督相交及教会成员彼此相交的行为；通过领受饼和杯来纪念基督的死；是信徒个人领受基督恩惠、重申自己对基督及其子民所作承诺的行为；从而使教会成为一个身体，并从世界中分别出来。**

让我们来详细分析这个定义的每一部分。

主餐是教会的行为

首先，主餐是一种教会行为，整个地方教会都要参与其中，而且是作为一个整体来参与。想想保罗在《哥林多前书》11章的教导，以下每种情况都是指哥林多人在聚会中一同领受主餐：

- 因为你们聚会不是受益，乃是招损。（17节）
- 我听说，你们聚会的时候彼此分门别类，我也稍微信这话。（18节）
- 你们聚会的时候，算不得吃主的晚餐。（20节）
- 所以我弟兄们，你们聚会吃的时候，要彼此等待……免得你们聚会，自己取罪。（33-34节）

很明显，在哥林多，整个地方教会是在一次聚会时共同领受主餐的。这不是个人、家庭或小组的行为，而是整个教会的行为。没有确凿的证据表明新约中的其他教会还有别的做法。

主餐是由地方教会作为一个整体来领受的。这不是朋友间的私人聚餐，而是教会公开庆祝与基督相交以及彼此相交的仪式。主餐与教会是密不可分的。脱离了教会聚会，主餐就无从谈起。因此，主餐是一种教会行为。

与基督相交、彼此相交

正如我们在第三章看到的，当我们领受主餐的时候，就"同领"了基督的身体和宝血（林前10:16）。当我们凭信心分受饼和酒时，就有份于基督被钉的身体和他为我们所流的宝血：赦免、和好、收纳以及新约所有其他的祝福。

这就是为什么主餐常被称为"圣餐"（Communion）的原因：借着它我们与基督相交（commune），进入与他之间的亲密团契。我们享受并重新经历到他在十字架上为我们赢得的救恩。当我们吃饼喝杯时，我们就是在凭信心吃基督。

这里的"我们"一词至关重要。如前所述，主餐是教会的行为。这并不是说我们这几十或几百人都有着特别丰富的个人灵修生活，如今只是碰巧待在同一个房间里。还记得吗？保罗在《哥林多前书》10章17节说："我们虽多，仍是一个饼、一个身体，因为我们都是分受这一个饼。"在主餐礼中，因着我们与基督相交，我们也彼此相交。主餐表明我们与基督的联合，因而也表明我们在基督里的合一。在主餐中，我们与基督相交，因而也与彼此相交。

纪念基督的死

我们还借着领受主餐来纪念耶稣的死："又拿起饼来，祝谢了，就擘开，递给他们，说，这是我的身体，为你们舍

的。你们也应当如此行，为的是为记念我。"（路22:19）
这一纪念行为当然包括提醒我们想起耶稣的死及其意义。擘
饼和吃饼、倒酒和喝酒的行为，戏剧性地把福音事件呈现在
我们眼前，成为我们可以品尝的食物。

但主餐不仅仅是一个提醒：在某种意义上，它还把过
去的事带到现在。想想神对守逾越节的以色列人所说的话：
"当那日，你要告诉你的儿子说：'这是因耶和华在我出埃
及的时候为我所行的事。'"（出13:8）每一代以色列人都
要说："我守这节，是因为耶和华领**我**出了埃及。"因为神
与他子民所立的新约对后来的世代同样有效，所以借着这个
约，后来的世代也同样有份于开启这约的救赎事件。

主餐始于逾越节，也是从逾越节转化而来。和逾越节
一样，主餐是纪念盟约的一顿饭。它把过去带到了现在，在
耶稣的救赎故事中规划我们的生活。在主餐中，我们每个人
都说："我吃这饼、喝这杯，是因为主在十字架上为我所做
的，他救我脱离了罪的权势。"

此外，正如我们在第五章看到的，主餐也把未来带到现
在。当我们回想十架救恩时，我们也在展望那将来的国度。
当我们纪念基督的死，我们也在期待他的再来。正如保罗所
说："你们每逢吃这饼，喝这杯，是表明主的死，直等到他
来。"（林前11:26）在主餐礼中，我们纪念并表明基督死在

十字架上的救赎意义。

同领饼和杯

在最后的晚餐中，耶稣从逾越节的筵席中拿出两样东西——饼和杯，作为他为我们舍的身体和所流宝血的标志（参见太26:26-28；可14:22-24；路22:17-20）。在主餐中，整个教会同领饼和杯，以此表明基督的死，并且同享他的死所带来的恩惠。

在新约中，人们似乎是在聚餐时领受主餐的（参见林前11:20-26；徒2:42，20:7；犹12）。我很乐意看到有更多的教会恢复这种做法，但我认为这不是主餐的必要条件。耶稣吩咐我们做的只是吃饼喝杯。

请注意，我们这样做乃是遵行耶稣的命令。主餐不是教会的发明，而是耶稣设立的。每一个基督徒都应当定期领受主餐，为的是顺服耶稣，并期待与他重新相交。

主餐是信徒个人的行为

主餐是一种教会的行为，它同时也是信徒个人的行为。在主餐中，你吃饼喝杯是表明主的死，直等到他来。

唯有相信耶稣的人才应该领受主餐。唯有那些相信耶稣的死能拯救自己的人，才应该与教会一同纪念耶稣的死。唯有那些盼望在于耶稣之死的人，才应该表明耶稣的死。此外，回想一下保罗的警告，他曾说，"不按理"领受主餐就是"干犯主的身、主的血"（林前11:27）。虽然保罗这里提到的"不按理"特别是指像哥林多信徒那样得罪自己的弟兄，但这一原则也适用于任何不信基督却领受主餐的人。主餐应该带来祝福，但它也可能招致审判（参见林前11:29）。

教会里的那些非基督徒应当认识到，他们需要相信基督，因为他们没有受邀领主餐。他们任凭这些要素从自己身边溜走。主餐是一个传福音的圣礼，不是因为它能帮助人们归信基督，而是因为它强调他们需要归信。

领受基督的恩惠

在主餐礼中，信徒个人领受了基督的恩惠。这是在个人层面上"同领"基督的身体和血（参见林前10:16）。这是否意味着在主餐礼之外的时间里你就失去了这些恩惠呢？绝对不是。

想想在牧师讲道时发生了什么。主日早上你出现在教会时是已经相信基督了。但当牧师宣讲那位圣经中的基督时，福音的大能再次临到你。那一刻，你再次拥抱了基督，对他的信心更加坚定，对他的顺服也更真诚。你会更多地经历到神的赦免和平安。

类似的事情也发生在你领受主餐时。你因着信已经得着基督，但当你领受饼和杯的时候，你再一次得他。饼和杯作为可见的标志,帮助你坚固自己的信心。在主餐中,一个信徒重新领受了基督的恩惠。

重申对基督及其子民的承诺

所以,主餐首先是我们领受神的恩惠。基督的死是为了另立新约,并为我们赢得神的赦罪;在主餐中,我们重新领受基督为我们所做的一切,其首要之事是颂赞基督已经做成的工。

但它也一再呈现出我们对福音的回应。当你领受主餐时,你实际上是在说:"耶稣的身体为我而舍,耶稣的宝血为赦免我罪而流。"你借着分受饼和杯宣告说:"这是事实,**对我来说**也是事实。这位耶稣是我的救主。"

接受耶稣为救主,也意味着永远顺服他成为自己的主。耶稣救我们脱离罪及其一切的后果;如果你拒绝这救恩,你就不能说耶稣是你的救主。因此,我们在主餐中领受基督的恩惠,也重申对基督的承诺并且委身于他。

还记得吗?我说过主餐是新约的标记。约是一种自由选择的关系,由立约双方宣誓确认。纵观整本旧约,当神向他的百姓起誓立约时,他常常在誓言后面加上一个记号。彩虹就是其中一个,神用这个记号只是为了证实自己对挪亚的应许——不再有洪水毁灭地(参见创9:13-15)。相反,神给亚伯拉罕的记号是割礼,它使受了割礼的人有义务遵守约(参见创17:10-14）。

但与主餐更类似的是《出埃及记》24章中记载的约餐。在《马可福音》14章24节中，当耶稣提到杯是"我立约的血"，他重复了当年神在西奈山与以色列人立约时摩西说的话："这是立约的血，是耶和华按这一切话与你们立约的凭据。"（出24:8）你有没有注意到在那之后发生了什么？摩西、亚伦和以色列的众位长老上了西奈山，来到神面前，"他们观看神，他们又吃又喝"（9-11节）。确认旧约的不仅仅是祭牲的血，还有神亲自招待的一顿饭。

同样地，新约由耶稣所流的宝血所立，并借着他招待的一顿饭反复确认。在主餐中，新约的双方——神和他的子民——都要证明他们会恪守这约。神以耶稣为我们舍的身体和宝血的标记来证明。在主餐中，神借着这两个要素向我们显明他的应许：如果我们信靠基督，就会得救。当我们领受这些要素时，我们庄严地证明，我们已经归信基督，并将自己完全献给他。在主餐中，我们借着领受他身体和宝血的标记宣告自己相信基督。因此，就如口头宣誓一样，我们坚定地表明自己对新约的承诺。

就像法律文件需要盖章确认一样，主餐也是对新约的反复确认。简单来说，我们可以把主餐看成是重新宣誓确认这份新约。它是一种行为（"签署"），表达出对基督、他的约和他子民的一种类似誓言的承诺（"宣誓"）。我们很快就会看到，洗礼是正式公开地宣誓确认开启新约的行为，由此我们确认自己忠于基督新约的承诺。在主餐中，我们重复确认这个最初的承诺。

但主餐还重申了我们对基督子民的承诺。还记得吗？保罗将表明主的死和爱主的子民联系在一起（参见林前11:17-34）。在主餐中，我们与基督相交，因而也与彼此相交。主餐提醒我们要承担起对教会的责任。如果你领受了饼和杯，你就有义务看顾基督的身体。如果你在主餐中宣告基督是你的救主，就必须承认基督的子民是你的弟兄姊妹。保罗在这里的观点与《约翰一书》4章20节的教导遥相呼应："人若说，'我爱神'，却恨自己的弟兄，就是说谎话的；不爱他所看见的弟兄，就不能爱没有看见的神。"

我们与基督相连，就意味着与彼此相连。如果你无法对盟约的共同体做出承诺，那么你也无法恪守这约。因此，我们怎样将自己交托基督，也照样将自己交托给彼此。在基督的筵席中接待基督，就是在接待所有坐在你旁边的弟兄姊妹。在主餐中，我们重申了对基督及其子民的承诺。

从而使教会成为一个身体，并从世界中分别出来

主餐定义的最后一句话指出了这种教会行为和信徒行为所产生的果效。当教会同心纪念主时，当信徒领受恩惠和重

申承诺时，教会成为一个身体。正如保罗在《哥林多前书》10章17节所说的："我们虽多，仍是一个饼、一个身体，因为我们都是分受这一个饼。"

正因为主餐使许多人成为一个身体，它标志着这合一的身体从世界中分别出来。当教会领受主餐时，基督在地上的子民就显现出来。我们将在下一章详细阐述这一点。

简述洗礼

在结束本章内容之前，我们有必要暂停一下，将主餐与洗礼作个比较，来思考二者的区别。正如我们刚才看到的，主餐是教会与基督相交以及与彼此相交的行为；通过饼和杯来纪念基督的死；是信徒个人领受基督恩惠、重新对基督及其子民做出承诺的行为；从而使教会成为一个身体，并从世界中分别出来。另一方面，我们对洗礼的定义如下：**洗礼是教会的行动：教会将信徒浸入水中，由此来确认和展现他或她与基督的联合。洗礼也是信徒的行动：信徒公开地将自己委身于基督和他的子民，借此该信徒与教会联合，并与世界分别开来。**[①]

---

① 请参阅拙作《认识洗礼》（九标志中文事工），特别是第一章的内容。

　　我们来简要分析一下二者的相同点和不同点，它们都有不甚明确的地方。首先，我们来看相同点。这两种圣礼都是主耶稣亲自设立的（参见太28:19；路22:19）。它们既是整个教会的行为，也是信徒的个人行为：在洗礼中，教会通过一洗来行动。此外，它们都是福音的标志。洗礼和主餐都以可见的方式明确表明我们与基督的联合以及在基督里的救恩。

　　具体而言，我们可以说，二者都是对新约的宣誓确认。洗礼是新约开始的宣誓确认：它是我们正式、公开的委身基督的方式。洗礼是一种庄严的、象征性的宣誓行为，它公开确认一个人进入新约。我们进入新约是凭着信心，而当我们在受洗证上签名的时候，这种信心就显现出来，让所有人都看见。

　　说到二者的不同点，最重要的一点是洗礼只有一次，而主餐则是定期举行。此外，洗礼是教会通过一位代表对信徒个人所做的事，而主餐是整个教会作为一个身体共同做的事。同样地，洗礼表明个人与基督的联合并委身教会，而主餐则强调了整个教会与基督的联合，从而也与彼此联合。洗礼将信徒与教会联系在一起，而主餐则使教会成为一个身体。下一章中我们将详细讨论，洗礼使一人与多人联系起来，而主餐则使多人合而为一。

第七章

主餐使我们成为什么？

一对情侣什么时候才算是真的结婚了？是他们说"我愿意"的时候吗？是牧师宣布他们结为夫妻的时候吗？还是他们同房之时？

从某种意义上说，上述的每个时刻都对婚姻的形成至关重要。但这三者之间也相互依存。因此，举例来说，如果这对情侣一直没有性生活，这就意味着他们还没有完全结婚。而这一特点本身具有法律意义：取消这种关系的做法是宣告婚姻无效，而非离婚。

上述的一切到底与主餐有什么关系呢？在我看来，许多基督徒认为，领主餐的目的是激励自己在神面前更加敬虔。我去教会、听讲道、吃饼喝杯、想起基督的死和他赦免我的罪，然后回家。当然了，我们还把主餐与教会联系起来，至少我们"去教会"的时候是这样做的。然而，大多数基督徒都觉得，仅凭这些就足以将主餐与地方教会联系起来了。

在本章中，我想说的是，主餐在教会的合一中扮演着至关重要的角色。信徒同领主餐是使教会成为教会的重要一步。非常重要的一点是，主餐使一群基督徒成为一个身体。它使许多人合而为一。

我单独在本章讨论这个概念有两个原因。首先，这是福音派基督徒所普遍忽视的。我认为保罗的教导相当清楚，主餐将许多人合而为一，我们稍后会讨论这一点。但似乎很少有牧师和教会能接受保罗的观点，并据此来塑造他们对主餐和教会的看法。其次，关于主餐如何确立一间地方教会的观点，对于我们接下来几章将要考虑的许多实际问题是至关重要的。为了明智地思考如何领受主餐，我们需要看看圣经是如何说的。

主餐如何使许多人成为一个身体

回想一下保罗在《哥林多前书》10章16至17节中所说的话，这段经文我们已经在第三章和第六章中讨论过了。第一，"我们所祝福的杯，岂不是同领基督的血吗？我们所擘开的饼，岂不是同领基督的身体吗？"保罗提醒哥林多人，吃这饼、喝这杯，为的是享受与基督相交，经历他的死带来的益处。

根据基督和信徒之间的这种"纵向"相交，保罗在17

节得出了一个"横向"相交的结论："我们虽多，仍是一个饼、一个身体，因为我们都是分受这一个饼。"他在这节经文中的核心主张是，我们虽多，仍是一个身体。他两次提到人们同领主餐："仍是一个饼……因为我们都是分受这一个饼"，用以支持这一主张。保罗一再说明原因的事实表明，他认为饼不仅仅代表着或描绘出教会的合一。相反，他认为，教会合一的根基在于他们同心领受主餐。众人成为一个身体，因为他们都是分受这一个饼。

保罗的意思是，主餐实际上是**使**许多人成为一个身体。"我们虽多"，主餐却将我们聚在一起，使我们成为一个身体。换句话说，领主餐的人构成了一个地方教会。当然，保罗并不是在说分配饼和食物的方法，就好像一个更大的教会若需要多个饼来领主餐的话，那它就不再是一个教会了，而是变成许多个教会。相反，保罗是将整个教会在聚会中同领主餐简称为"一个饼"。保罗的重点是，在主餐中，我们共同享受到与基督的相交，因此我们在基督里的合一就创造了教会合一的身体。[②]

还记得吗？我说过，主餐是重新宣誓确认新约的圣礼。

---

② 关于这一点，请参见 Anthony C. Thiselton, *The First Epistle to the Corinthians: A Commentary on the Greek Text*, NIGTC (Grand Rapids, MI: Eerdmans, 2000), 767.

在主餐中，我们重新对基督和对彼此做出承诺。正是这种双重承诺使教会成为教会。

神用两个步骤建立了地方教会。第一步，他创造了基督徒。他是如何做的呢？他差遣传道者宣扬基督（参见罗10:14-17）。他赐下他的灵，感动那些听见福音的人接受并相信基督（参见林前12:3）。他使他的话语在他们的生活中发出果效，赐给他们基督里的新生命（参见雅1:18）。神通过讲道者的讲道以及所差派的圣灵来建立教会，为的是让他的道发出果效。神创造了福音的群体，就是那些因信靠基督而得救的人。这是第一步。

当人们相信基督时，就成为他普世教会的一员。他们在灵里与他合而为一。但为了建立教会，人们不仅要归信基督，也要彼此相连。他们必须聚在一起，而聚在一起就需要彼此之间有承诺。当两个或两个以上的基督徒在同一个城市或同一个房间时，不会自动产生一个地方教会。否则，如果你在超市每碰到一个基督徒就会出现一个新的教会，那么当其中一人走进另一个过道时教会就会消失。教会不仅仅是指许多个"基督徒"，也不仅仅是这些人聚在一起就足够了。必定有什么东西把人们联系在一起。

因此，为了建立教会，福音群体必须形成福音的治理模式。当多名基督徒承诺成立一个教会时，教会就诞生了。

这是第二步。回想一下那个关于婚姻的例子。当一个男人和一个女人承诺成为丈夫和妻子时，婚姻就诞生了。婚姻誓言开始了一段婚姻关系。同样地，当一群基督徒彼此承诺做耶稣吩咐他的教会一起做的事时，一个教会就诞生了：聚集敬拜，在爱中彼此建立，彼此担当重担，一同施行洗礼、领受主餐。

而这一切仍然需要神作工，因为正是他的救赎之工以及他赐我们的能力，使我们能够正确回应福音，也包括向彼此做出承诺。神的工作和我们的工作并不矛盾。我们唯有成为基督徒才能聚在一起，因为神首先使我们成为基督徒。神先创造了基督徒，并使他们彼此做出承诺，由此才建立了教会。

但是，一群基督徒究竟该如何履行这一承诺的呢？洗礼和主餐两种圣礼发挥着至关重要的作用。在洗礼中，你公开向基督和他的子民做出承诺，借着洗礼公开信仰。这是一个新信徒首次以信徒的身份出现在世界和教会的面前。换句话说，洗礼标志着一个信徒从世界中分别出来。在洗礼中，教会向世界宣告："这人是信耶稣的！"

在主餐中，我们重申自己对基督和他子民的承诺。但与洗礼不同的是，主餐是我们众人一起做的事。它标志着一群基督徒成为一个身体，与周遭的世界划清界限。洗礼和主餐将教会从世界中分别出来，从而在教会周围设立界限。这些圣礼使人们可以指着某样东西说"教会"，而不是只指着许多东西说"基督徒"。

想象一下，一个基督徒去了一个新的城市传福音，有几个人几乎在同一时间归信了基督。这位新来的基督徒负责给他们每个人施洗。这几个受洗了的基督徒是如何组成一个教会的？是什么时候组成的？针对这些问题，我认为最基本、最重要的答案是：在他们一起领主餐的时候。还记得吗？我们说过，领受主餐表达了我们对基督和对彼此的承诺。在主餐中领受基督的恩惠就是接纳基督的子民，把他们当作弟兄姊妹。主餐本身让我们对彼此做出承诺，使我们不再是"一群基督徒"，而是成为了"地方教会"。在主餐中，我们聚在一起成为一个身体。正如保罗所说的："我们虽多，仍是一个饼、一个身体，因为我们都是分享这一个饼。"

谨慎起见，我认为，教会最明智的做法是，在初次建立教会时通过成员之间的口头承诺来阐明教会所做的。在会众制教会和浸信会的传统中，这类承诺通常被称为"教会之约"，有时整个教会会在每次领受主餐时诵读这份盟约。我认为这个做法真的很棒。但这并不是说我们不需要共同领受主餐，仅凭这份口头承诺就可以建立教会。相反，口头上明确承诺恪守教会盟约,只是把主餐隐含的内容明确地表达出来。诵读这份盟约有助于我们了解,当我们一同领受饼和杯时我们在做什么。

再说一次,我认为开始建立教会有点像开始一段婚姻。这个类比并不完美,但它可以引发我们进一步的思考。当一个男人和一个女人宣读婚姻誓言时,牧师或其他法律官员宣布他们结为夫妻,当这对夫妇同房后,婚姻就诞生了。"我愿意"的誓言开启了这段新的关系,但这段新的关系要等到夫妻双方在肉体上正式结合后才得以确认。

同样地,一个由信徒组成的聚会不见得能称为地方教会,除非他们借着主餐来确认彼此的联合。如果一群想建立教会的信徒从来没有共同领过主餐,那么他们不仅违背了耶稣的命令,而且从某种程度上说也不是一个教会。主餐使基督徒成为教会的应许成为事实。

如何通过主餐建立一个地方教会?主餐与洗礼一起,使福音群体形成福音的治理模式。主餐是基督徒聚集在一起彼此委身,从"多"跨越到"一"的方式。在主餐中,我们与基督相交,进而也与彼此相交。主餐使许多人合而为一。

华美的简约

神对教会的设计具有一种华美的简约感。怎样才能建造一间教会？福音的传扬创造了参与福音圣礼的福音群体。福音及其圣礼将神的子民陶造成教会的形式。洗礼将一人与多人联系起来，而主餐则使许多人合而为一。

洗礼和主餐将福音铭刻在教会的外在形式和组织架构中。使许多人成为一个身体是福音的标志。当基督徒聚在一起成为一个教会时，他们并没有超越福音的界限，而是深入福音的内核。

第三部分

主餐的规划

第八章

什么样的聚会可以举行主餐礼？

既然我们已经了解了主餐的定义以及人们领主餐时会做什么，那么接下来的问题自然是"谁应该领主餐？"事实上，这个问题包含了三个问题。其中的每一个问题都很重要，所以针对每个问题我们都会用一章的篇幅进行探讨。在接下来的两章中，我们需要知道的是：谁可以领受主餐？并且谁来主领？

但首先要考虑的问题是："什么样的聚会可以举行主餐礼？"个人能独自领受吗？家庭呢？校园事工机构呢？教会的小组呢？

在本章中，我的观点是，地方教会只有以教会的形式聚集在一起时，才有权举行主餐。主餐实现了教会的合一。它使许多人成为一个身体。因此，主餐是属于教会的，并且只应由教会以教会的形式来举行。

在讨论这一观点之前，我得承认，许多在其他场合领主餐的基督徒并没有别的意图，他们这么做只是为了荣耀基督和遵行他的话语。一些人的做法可能是受对教会论的不同神学观点的影响。还有一些人可能根本没有考虑到，在圣经中主餐与地方教会的联系相当紧密。有鉴于此，我们来看看圣经是怎么说的。

新约中唯一详细描述我们领主餐的经文在《哥林多前书》10到11章，这就是为什么我们花了这么多时间来解释这段经文的原因。让我们再来看看保罗是如何描述哥林多人领主餐的背景的：

- "你们聚会不是受益，乃是招损。"（11:17）
- "我听说，你们聚会的时候彼此分门别类。"（11:18）
- "你们聚会的时候，算不得吃主的晚餐。"（11:20）
- "所以我弟兄们，你们聚会吃的时候，要彼此等待……免得你们聚会，自己取罪。"（11:33-34）

保罗这封信的收信对象是"在哥林多神的教会，就是在基督耶稣里成圣，蒙召作圣徒的"（林前1:2）。他不是写给教会中的一部分人或某个特定的小群体。相反，他是写给整个哥林多教会的。在《哥林多前书》11章中，他五次提到所有哥林多人在同一时间、同一地点聚集在一起，成为一个整体。在18节中，保罗明确说到，他们是在"教会聚会的时候"（和修）。当整个教会聚集敬拜时，**教会**就以一种特殊的方式出现了。

你可以说一群人在参加篮球比赛的那天晚上"聚在一起成为了一个团队"。在这周余下的时间里，每个人都归属于这个团队，而这有各种实际的表现形式：他们的日程安排、他们的训练等等。但当所有人都聚在一起打球的时候，这个团队就以一个团队的形式**存在**着，这时会有一种特殊的感觉。他们共同做的这件特别之事，使他们成为一个团队。而且他们只能以一个团队的形式共同做这事。

因此，保罗认为，当会众**以教会的形式**聚会时，教会正是在这个聚会中领受主餐的。这与《哥林多前书》10章17节的情形完全相符："我们虽多，仍是一个饼、一个身体，因为我们都是分受这一个饼。"正如我们在上一章看到的，保罗在这节经文中教导说，主餐实际上发挥着让教会成为教会的重要作用。它实现了教会的合一，这有点类似于夫妻通过身体的结合来完婚。主餐是由教会以教会的身份来举行的，因为它实现了教会的合一。

这意味着只有地方教会才可以举行主餐礼，而且会众应在整个教会的聚会中领主餐。教会以外的团体不能举行主餐礼，比如家庭、校园事工机构、退修会或大学班级。它不应该只由教会的一部分人来领受，比如一个青年团契或宣教团队或婚礼上的新娘和新郎，而是整个教会共同领受的。它也不应该由一个随军牧师来主领，当然，除非他所服侍的士兵们一起成立了一个教会。此外，给那些居家或在医院的人单独领主餐的做法虽然表达了对当事人的怜悯，值得称道，但却是不合宜的。

这也意味着主餐不应该由小团体或事工团队来领受（或者随便你怎么称呼他们），如果这些小团体只是教会的一小部分人的话。主餐使身体——全身——成为一体。所以，如果有多个团体分别领主餐的话，那么这实际代表有多个教会。而且这些教会应该都有自己的带领者，也有权柄处理自己教会中关于成员身份、教会纪律等问题。

主餐是所有神家的人坐在一起领受的一餐。因此，主餐若非整个教会同领之餐，就不是主餐。

只在整个教会的聚会上领受主餐，并不是不重视主餐。相反，这种做法是将主餐置于耶稣启示给我们的崇高地位上：那时整个教会聚在一起成为一个身体。通过将主餐作为教会同领之餐，我们就持守住了主餐在圣经中所扮演的确认教会合一的角色。主餐定义了我们作为教会的身份，表明了我们作为教会的合一，这一切正是因为我们是聚在一起共同领受的。

　　以教会的形式领受主餐提醒我们，在基督的身体里，整体大于部分相加之和。我们要牢记，归属基督意味着归属彼此，也就是归属身体的所有其他成员。我们还要牢记，我们在基督里的这些人虽有许多，仍是一个身体，因为我们都是分受这一个饼、喝这一个杯。

第九章

谁可以领主餐？

接下来我们需要解决的问题是："谁可以领主餐？"是所有人都可以领受吗？是基督徒或非基督徒，还是受洗的或未受洗的？在本章中我将会探讨，主餐是为受洗后归属教会的信徒而预备的。

这是一个重要且有争议的问题。对此许多基督徒都有自己固有的看法和观念，与我在这里要讨论的并不相同。而且，圣经中没有任何经文就这个问题直接给出了详细的说明。所以，为了得出合乎圣经的答案，我们必须把圣经中关于主餐、洗礼和地方教会的教导结合起来，并找出其中的含义。

主餐是为信徒预备的

首先，主餐是为信徒准备的，就是那些相信耶稣会将自己从罪恶中拯救出来的人。对这一点并没有太大的争议。有些基督徒认为，只要人们愿意，不管他们信或不信，教会都应该允许他们来领主餐，因为这可以帮助他们归信基督。但是，我们在第六章中看到，领受主餐是重申你对基督的信仰内容，更新你对基督及其他子民的承诺。唯有信徒才能领主餐，因为他们借着这一行为宣告说："我相信这位舍身流血来救我的耶稣。"

此外，之所以说唯有信徒才能领主餐，是因为错误地领受主餐可能会招致审判。保罗说，那些吃饼喝杯时却不明白信靠基督和爱他子民之间有何关系的人，是"干犯主的身、主的血"了（林前11:27）。根据定义，只有基督徒才了解这种关系，才能按照这种关系生活。非基督徒既然不信基督，也不会爱基督的子民。

因此，教会要做的最有爱心的事就是，告诉非基督徒不要参加这种教会家人的聚餐。相反，主餐应该能激发起非基督徒对基督的兴趣。它应该能提醒他们，除非他们信靠基督，否则他们不属于基督或他的教会。除非他们信靠基督，否则主餐带给我们的祝福——赦免、和好、确据、盼望——不属于他们。

来到你们教会的非基督徒应该既感受到成员们的热情欢迎，又有一种被排除在外的感觉。我们应该欢迎他们参加主日敬拜，欢迎他们参与所有的公开聚会。教会成员们应该欢迎他们、和他们交朋友、关爱他们、服侍他们。如果他们认为基督徒冷漠自私、自以为是，那么你们教会的热情款待应该能帮助他们改变自己的这些想法。

但与此同时，来你们教会的非基督徒也应该有种被排除在外的感觉。他们应该渴望像你一样，与基督和彼此之间有一种亲密合一的关系。而且，他们应该逐渐意识到，除非悔改并信靠基督，否则他们就无法体验到这种亲密的合一关系。主餐只为信徒而设的事实，实际上阐明了福音的含义，也提醒非基督徒他们需要基督。端主餐盘的人绕开他们，是因为他们绕开了基督。那个盘子也应该像是一种邀请："来就近基督吧！当离弃罪，信靠他。"

主餐是为受洗的信徒准备的

第二，主餐是为受洗的信徒准备的。[①]借着洗礼信徒公开信仰（参见徒2:38-41）。它是我们公开委身基督和他子民的方式，是教会确认信徒的信仰内容，并将信徒与主耶稣联合的方式。这就是受洗归入"父、子、圣灵的名"的意思（太28:19）。

洗礼是信徒以基督徒的身份出现在教会和世人面前的方

---

① 有关本节讨论的所有问题的更多信息，请参阅拙作《公开见证：为什么受过洗才能加入教会成员》以及《认识洗礼》（九标志中文事工）。

式，是他们公开宣称相信基督的方式。如前所述，主餐是我们定期更新对基督的信仰内容的方式。这是我们一再重申我们对基督及其子民的承诺的方式。重点是，在你重申自己的信仰告白之前，必须先要确认这一告白。主餐不是朋友之间的私人聚餐，而是教会公开庆祝与基督相交和彼此相交的圣礼。这就是为什么只有那些受洗的基督徒，只有那些公开成为基督徒的人，才可以领受主餐的原因。

还记得吗？我们已经知道，洗礼是宣誓确认开启新约，而主餐是宣誓确认重申新约。两者都是表达承诺的行为。在重申承诺之前，你必须先要做出承诺。

那些在婴儿时期"受洗"的信徒呢？教会应该允许他们领受主餐吗？主张婴儿洗的教会当然会！但我认为，那些教导和实践"信而受洗"（只有相信耶稣的人才应受洗）的教会只应允许那些信而受洗的人领主餐。而且我深信，因为圣经所说的洗礼含义和做法，只有信徒才当受洗。

事实上，我认为婴儿洗根本就不是洗礼。正如我们之前所说的，洗礼是一种教会行动，通过将信徒浸入水中来确认和展现信徒与基督的联合。

所以，教会应该只允许受洗的信徒领主餐，就是那些已经信而受洗的人。在重申信仰之前，一个人先要表明自己的信仰。在重申承诺之前，一个人先要对基督及其子民做出承诺。在领受教会公开的团契之餐前，一个人要先公开成为信徒。

主餐是为受洗后归属教会的基督徒而设

第三，主餐是为受洗后归属教会的信徒而设的。在新约中，归信的基督徒需要委身教会。在五旬节那天，那些信而受洗的人当日就加入了教会（参见徒2:38-41）。福音所到之处，人们归信基督，教会就涌现出来（参见徒14:23，15:41，16:5，18:22）。成为基督徒就是成为基督身体的肢体、神家中的弟兄姊妹、圣殿中的活石（参见林前12:12-26；太12:46-50；弗2:21-22；彼前2:4-5）。根据新约的说法，不归属教会的基督徒是不存在的。每一个基督徒都当委身教会。

在《哥林多前书》5章中，我们大致了解了这一点。保罗劝勉哥林多人不要与那些自称是基督徒却像异教徒一样生活的人相交。他不是说他们不应该与非基督徒来往，"若是这样，你们除非离开世界方可"（10节）。相反，

　　但如今我写信给你们说：若有称为弟兄是行淫乱的、或贪婪的、或拜偶像的、或辱骂的、或醉酒的、

或勒索的，这样的人不可与他相交，就是与他吃饭都不可。因为审判教外的人与我何干？教内的人岂不是你们审判的吗？至于外人，有神审判他们。你们应当把那恶人从你们中间赶出去。（林前 5:11-13）

有人虽自称是基督徒，但却因其不肯为罪悔改而与他所说的相矛盾，这样的人基督徒不能与之相交。他们审判的不是教外的人（即非基督徒），而是"任何声称自己是信徒的人"以及"教内的人"（11-12节）。保罗假设有些人可能既是哥林多教会的成员，又是教外的人。教内的人是指那些声称相信基督的人，而教外的人则是指那些不信的人。而且，在某些情况下，教会必须将那些声称信基督但其生活却与所声称的不符的人除名，这么做虽然很可悲，但却很有必要。

因此，地方教会应该在教内的人和教外的人之间设立明确的界限，所有宣称相信基督的人都应该在教会里，那里才是他们的归宿。若有人声称相信基督却不归属教会，那么他就完全曲解了基督徒的生活，也与其作为基督徒的基本身份相悖。在履行圣经中所有关乎"彼此"之原则——归属、委身和每周参加聚会——的过程中，他们未能迈出第一步。一个不属于任何地方教会的基督徒就像是围墙上脱落的一块砖、从人身体上切下来的一只手、一个自生自灭的孤儿。

如前所述，主餐是整个教会同领之餐。它使许多教会成员成为一个身体。如果一个自称是基督徒的人不归属于任何教会，那么他的生活就与他所说的不相符。他必须先成为身体的一部分，才能享受到与身体的相交。他需要先进入神的家，然后才能坐在餐桌旁与家人共享晚餐。他必须先对教会做出承诺，然后才能在主餐礼中重申这一承诺。

教会在哪里可见？

在第七章中我们说过，主餐使许多人成为一个身体（参见林前10:17）。它将地方教会建造成为一个独特、合一的身体。换句话说，设立主餐之处就是教会。说得更专业一点，主餐是教会以教会身份而存在以及教会中成员身份的有效标志。

因此，设立主餐之处就是教会接纳信徒、排除非信徒的地方。教会接纳某个人成为成员，就意味着允许这人定期领主餐。教会成员身份只不过代表有资格定期领主餐。教会成员就是那些被教会授权可以定期领主餐的人，而他们也确实如此行了。

另一方面，教会也会借着主餐礼将某些人排除在外。教会对成员身份的要求不是完美，而是真诚、持续的悔改。基督徒是那些已经离弃罪而信靠基督的人，而且他们还将持续不断地离弃罪、信靠基督。如果一个基督徒不肯为罪悔改，怎么办？耶稣教导我们要恳求那个人悔改——首先是私底下与其对质，然后越来越公开。如果这人最终拒不悔改，教会会把他或她逐出教会，把他或她当作不信的人来看待（参见太18:15-17）。甚至在最后一步中，我们的主要目标依然是挽回这个人，使其能够悔改（参见林后2:6-8）。

教会将某人排除在团契关系之外意味着什么？首先，它意味着教会不再欢迎这人领受主餐，即不再欢迎这人参加神家人的筵席。所以，在这人悔改之前，教会不应把他或她当作弟兄或姊妹来对待。

主餐使教会显现在世人面前：这些人享受与基督的相交，他们彼此在一起就是教会。定期领受主餐的就是教内之人，不领主餐的就是教外之人。因此，主餐设立之处就是教会出现之地。

只允许教会成员参加？

这是否意味着只有教会成员才能领主餐？不应该允许受洗后归属其他教会的信徒也能领主餐吗？一些我所敬重的基督徒都持前一种观点，但我并不赞同，原因有二。

首先，在《使徒行传》20章中，我们读到保罗、路加和其他几个门徒前往特罗亚，并在那里与教会的人会面。第7节说："七日的第一日，我们聚会擘饼的时候。"尽管我不能完全肯定，但我认为这里很可能是指教会领主餐的聚会。而且，路加说为此目的聚会的"我们"中也包括他自己和他旅行的同伴。换句话说，这似乎是圣经中"访客领餐"的一个例子。那些不属于某一地方教会成员的基督徒——在本例中，因为他们并不住在那个城市——似乎也参加了那个教会的主餐。

第二，即使圣经中的这个例子不是结论性的，我也认为教会不应该把长期居住在一个特定的地方作为领主餐的先决条件。想象一下，有一个有八名成员的家庭教会。如果其中一个成员从另一个城市带了一个基督徒朋友来参加教会聚会，那么在他们聚会的过程中，教会很容易就能知道这个朋友的身份、信主的经历、是否受过洗等等。我认为教会没有理由不允许这人领主餐。

如果那位来自其他城市的朋友真的搬到了本地，原则上说，他在那里的第一周就有充分的理由成为教会的一员。如果他在到达本地的第一个周日就去了教会，而且只在此逗留一周，我看不出有什么理由不让他参加教会的团契生活。原则上，任何有资格加入该教会的人都有资格领主餐。

"教会成员制"是我们为教会和基督徒之间的关系所起

的名字，定期领主餐既暗示出这种关系，也在某种意义上创造了这种关系。一个人若只以访客的身份去教会一周，不会成为教会成员，因为他们不可能在那个地方教会中活出自己作为耶稣门徒的样式。但如果他们待的时间更长，教会就应接纳他们成为教会成员；如果他们已经是其他地方教会的成员，那么我认为，教会应该欢迎他们以访客的身份领主餐。

总结

综上所述，我认为教会应该欢迎信徒来领主餐，因而也欢迎他们成为教会成员，即因信耶稣而受洗归于教会的人。根据定义，教会成员应该领受主餐。另外，我认为教会也应该欢迎其他传讲福音教会的受洗信徒领主餐。

教会应该如何传达对领主餐之人的要求？这因教会的环境和大小而异。但需要注意的是，教会的权柄是声明性的，而非强制性的。无论谁来主领主餐礼，都应该口头申明谁应该参加主餐礼，并且所有人都应该尊重教会的声明。如果某个不该参与的人似乎领了主餐，在某些情况下，教会或许可以找对方私下沟通，而不是强制性地约束其行为。

教会要如何公开申明谁应该领主餐，这取决于什么是合理的做法以及可能会出现混淆或误解的地方。在一个城市化的西方背景下，我建议带领这样说："如果你是这个教会的成员，或者你是其他传讲福音教会的成员，并且已经信而受洗，那么你可以同领主餐。"

主餐是为受洗归于教会的信徒而设的。在主餐中，我们重申了我们对基督的承诺，以及我们对那些顺服基督的人的承诺。它使教会变得可见，也使那些借着洗礼明确承认自己是基督徒的人变得可见。它是教会的团契之餐，因而是为归属于教会的人预备的。

第十章

谁来主领？

两章前我提出了一个问题："谁应该领受主餐？"在接下来的两章中，我分析了这个问题所包含的两个要点：什么样的聚会可以举行主餐？谁可以领主餐？现在我们来讨论这一系列的最后一个问题：谁应该主持主餐？

我的基本回答是，如果教会有一个或多个牧师，那么就应该由其中一个牧师来主领。如果教会没有牧师，那么会众应该一同决定哪位成员最有资格主领，他们很可能会选择那些经常教导圣经的人。

为什么要由牧师来主持主餐礼呢？原因有两个。首先，主餐是教会行为，而牧师是那些蒙召带领教会的人。整个教会都必须留心听神的道，而牧师则是那些专门负责传讲和教导这道的人（参见提前3:2；多1:9）。同样地，我认为，虽然整个教会都有责任正确领受主餐，但牧师所扮演的领导性角色使他们适合主持主餐。

其次，主餐是"看得见的道"。它将福音以戏剧的方式呈现出来，让我们看到、触摸到和感知到福音的事件。而且，正如我们所看到的，牧师是专门负责宣讲圣道的人。既然所传的道与主餐所呈现的可触摸的道之间联系如此紧密，那么为其中之一所设立的人当然也可以主持另一个。

但我的确认为也存在特殊情况。并不是每个教会都有牧师。有时候，教会植堂可能是团队合作的结果。他们可能已经聚集在一起成为一个教会，但还没有正式按立牧师。或者，也许更为常见的情况是，一个存在已久的教会可能失去了他们的牧师，并且在一段时间内找不到其他牧师接任。难道教会的新堂点不能举行主餐吗？已建立又刚刚失去了牧师的教会也不能吗？

我认为他们可以举行主餐，因为圣经教导我们，牧师是基督给教会的恩赐。每个教会都应该有一位牧师。事实上，每个教会都应该寻求设立多位牧师，因为多位教会领袖（可以互称为牧师、长老和监督）是新约的明确模式（参见徒14:23，20:17、28；弗4:11-12；腓1:1；提前3:1-7；多1:5-9；雅5:14）。[2] 但是，尽管牧师是教会井然有序的一个要素（参见多1:5），而且也是教会长期健康和福祉的必要条件（参见弗4:11-16），但他们对于教会的存在而言并不那么重要。在按立牧师之前，或是在牧师离开或被免职之后，教会

---

[2] 更多的讨论请参见本系列丛书中狄马可的作品《认识教会带领》。

依然可以继续存在。

　　例如，保罗和巴拿巴经过路司得、以哥念、安提阿的时候，在各教会中选立长老（参见徒14:23；多1:5）。教会需要长老，因此保罗和巴拿巴主持了选立长老的过程。但这个教会在长老出现之前就已经存在了。经文没有说"保罗和巴拿巴立了长老，为的是要成立教会"。教会是先于长老出现的。

　　因为主餐是教会的团契之餐，所以教会有权举行主餐礼，即便是在教会缺乏牧师带领的特殊情况下。这时，教会应当共同选出最有能力带领教会的人。这样的人应该成为教会成员，而且应该敬虔、值得信赖。理想情况下，这人至少应该可以在没有正式牧师的情况下，以类似牧者的方式进行服侍，特别是教导圣经。除此之外，如果你也遇到了类似的情况，我只能说，求神赐给你们教会智慧和合一，并迅速差遣忠心的牧师来带领和坚固你们教会。

第十一章

教会应当如何举行主餐礼？

教会应该如何举行主餐礼呢？一旦你进入"如何做"的环节，就像我们在本章所讨论的那样，必然会遇到很多问题，但我却没有足够的篇幅来回答。不同规模、不同文化背景、不同历史的教会，在领主餐时也将面临不同的挑战和机遇。

因此在本章中，我不打算回答你所有可能出现的问题，也不打算详细列出教会必须遵循的经文。相反，我将概括出一些要点，这些要点要么是圣经明确的要求，要么是圣经教导的确切含义。我们将简要讨论六个要点。前四个要点我认为是圣经明确教导教会要做的事；最后两个要点在我看来属于良心自由裁定的问题。

整个教会的聚会

首先，教会应在会众聚会时设立主餐。这是《哥林多前书》10章17节确切的意思，之前我们已经讨论过了。主餐是教会的团契之餐，所以教会应该在定期的礼拜聚会中领主餐，教会中的每个人都应该参加。这并不是说教会只有在所有成员都在场的情况下才能领受主餐——"糟了，贝丝阿姨又病了，我想我们这周不能领主餐了。"相反，它只是意味着教会应该以教会的形式来领受主餐。

说明主餐的意义

第二，教会在每次领受主餐时都应向会众明确说明主餐的意义。正如我们在上一章看到的，这个任务通常会落在主领主餐的牧师身上。在大多数的新教教会中，牧师主持主餐礼时会背诵耶稣在最后的晚餐中所说的话，并加以解释，因为保罗在《哥林多前书》11章中的教导也出现了这些话。我认为这是一种明智和健康的做法。它所要传达的基本观点是，主餐将福音以有形、可吃的形式呈现给我们。饼和杯代表着基督为我们舍的身体以及为我们流的宝血。

牧师不应该假设，对他的听众来说这些标志所传递的信息是不言自明的。所以，无论是在主餐前的讲道中还是在领主餐时，每次教会庆祝耶稣赐给我们的晚餐时，主持主餐的牧师都必须宣讲福音。他应该向所有在场的人说明主餐的意义。

明确谁应该领、谁不应该领

第三，教会应该明确说明谁应该领、谁不应该领。正如我们在第九章中看到的，主餐是为教会中受洗的信徒预备的。主领主餐的牧师应该明确说明谁应该领主餐，并对此给出解释。

教会不应只是将一些饼和葡萄酒放在众人面前，然后说"欢迎大家来领主餐"。这会使那些粗心大意、不了解情况的非基督徒因吃喝自己的罪而招致审判。教会更有爱心的做法是向他们说明，主餐是为那些信靠耶稣拯救自己且已经借着洗礼公开委身耶稣及其子民的人而准备的。

吃饼喝杯

第四，凡参加的，就当吃这饼、喝这杯。一些教会的传统做法是把饼蘸着酒吃下去。但耶稣吩咐他的门徒吃完饼再喝杯（参见太26:26-28）。这两种行为都保留了耶稣为我们舍的身体和为我们所流宝血的独特的、互补性的象征意义。因此，教会应该邀请所有领主餐的人一起吃这饼、喝这杯。

多久一次？

第五，教会应多久领一次主餐？我不太确定。一方面，耶稣说："你们每逢喝的时候，要如此行，为的是记念我。"（林前11:25）这似乎在暗示教会应该经常领主餐，但它没有具体说明多久一次。另一方面，保罗提到哥林多人是"聚在一起"作为教会时领受主餐的，这似乎暗示他们在每次教会聚会中都会领主餐（参见林前11:17-18、20、33-34）。此外，正如我们所见，《使徒行传》20章7节说，每逢七日的第一日，特罗亚的信徒都"聚会擘饼"。如果他们聚会的目的是为了擘饼，那么这也许在暗示主餐礼是他们每周聚会中的重要部分。

出于上述原因，有些教会认为，每周领主餐是我们应该遵循的惯例。这种做法尽管理由相当充分，但我却不这么认为。"你们每逢喝的时候"（林前11:25）这句话似乎暗示出一定程度的灵活性。因此，我认为教会领受主餐的频率需要谨慎考虑。当然可以每周领一次。但无论怎样，都必须常常领受。

在爱宴中领主餐？

最后，正如我们在《哥林多前书》10至11章中所看到的，哥林多教会很明显是在教会聚餐时领受主餐的。回想一下，《使徒行传》20章7节中的"擘饼"一词很可能指的也是主餐。《使徒行传》2章46节在描述教会的正常聚餐时也用到了这个词，这似乎暗示教会在"擘饼"时领受了主餐（参见徒2:42）。这是否意味着新约要求教会以聚餐的形式来领受主餐呢？

我认为不是这样的。耶稣吩咐我们做的就是吃这饼、喝这杯。主餐是这些行为的集中表现。所以，我不认为一起吃一顿丰盛的晚餐是主餐礼的精髓，这么做并非必要。

然而，我盼望能有更多教会恢复整个教会聚餐时领主餐的做法。它突显了我们在主餐中彼此相交的关系，也强调了我们去教会是为了成为教会的一员。坐在一起吃饭是表明我们在基督里接纳彼此的一种方式。在教会里聚餐是"敬拜服侍"的重要部分，而不仅仅是一顿可有可无的事后便饭。它也传递出了一个信息，即彼此相交是成为肢体之意义的重要组成部分。

就像我说的，我不认为教会必须在聚餐时领主餐。但我盼望看到更多的教会能这样做。

最后的话

除了在这里所说的，我还有更多要说的，但我希望这些要点能为你提供一些圣经指导，使你可以用一种荣耀基督和建造身体的方式领主餐。如果你是一名牧师，我祷告求神能赐给你智慧，让你带领你的教会领主餐。如果你是教会成员，我希望你继续读下去，因为最后一章讲的是个人应该如何对待主餐。

第十二章

个人应如何对待主餐？

最后一个需要考虑的实际问题是，你作为一个信徒该如何对待主餐？我想简单提到四点，希望能鼓励到你。

仰望十字架

首先来仰望十字架。你吃的饼、喝的杯都是主耶稣为你舍己的标志。当耶稣死在十架上流出宝血时，他是为了你。他为你忍受了十字架上的羞辱和痛苦，更重要的是，他担当了神对罪人的所有愤怒。主餐向我们表明基督在十字架上所成就的救恩。它向我们宣告，这救恩不是我们去赚取的，而是白白领受的。

所以，当你和教会一起领主餐时，要仰望十字架，带着喜乐、惊讶、敬畏和感恩来仰望。如果你陷入试探，觉得自己罪孽深重或人品太坏，以致神无法赦免，请来看看十字架。耶稣的挽回祭足以拯救你。

环顾四周

第二，环顾四周。正如我们在这本小书中所看到的，主餐是教会的团契之餐。它巩固了我们与基督和彼此的相交。它使教会聚集在一起，使许多人成为一个身体。

主餐不是一种个人的敬虔经历，只是碰巧有一群人在同一时间做同一件事。因此，请尽情享受主餐带来的团契相交吧！别只是闭上眼睛认罪；环顾四周，你会惊叹于他所拯救的这群人。借着定期领受主餐，思想你是否得罪过其他人、是否要向他们道歉、身体上是否有什么伤口需要愈合。如果你发现了什么，那就尽快认罪，即便这意味着你与对方要在教会里进行一次简短而安静的谈话。

此外，你要为在主餐中所表示和成就的多样性的合一而欢欣鼓舞。我们虽多，却仍是一体。与基督为救我们和联合我们所流的宝血相比，所有可能导致我们分裂的分歧都微不足道。我们都是分受这一个饼，领受的都是同一位救主。正如一位现代赞美诗作家所言："无论软弱或刚强，都需宝血来遮盖。舍己背起十架来跟从他，永恒不变他的爱。"③在主餐中，一切纷争都消失了。这就是为什么主餐应该在每个

---

③　Wesley Randolph Eader, "Victory in the Lamb,"《羔羊已得胜》，可参考 http://noisetrade.com/wesleyrandolpheader.

基督徒的心中生发出一种对合一的热烈渴慕。

所以，在主餐中，请环顾四周。记住，拯救了你的那一位基督也救了与你同坐的众弟兄姊妹。欢喜快乐吧！你既得着基督成为你的救主，也得着了他的子民成为你的家人。

展望未来

第三，展望未来。正如我们在第五章中所看到的，主餐不只是仰望十字架，也要展望将来的国度。有一天，基督会亲自为我们摆设筵席，并与我们一同庆祝（参见太26:29）。有一天，神要为基督和他的新妇举办最盛大的婚礼（参见启19:7、9）。

因为在主餐中，我们与基督和他的子民有丰富的交通，这交通只是一种预尝。它不是主菜，而是即将到来的婚筵的开胃菜。因此，请看向未来。借着基督的死和复活，神实现了自己赦免他子民的应许：使我们与他和好，拯救我们脱离罪的奴役。此外，他将会实现自己重塑世界、毁灭死亡、使他的子民与自己永远联合的应许。因此，在你吃饼喝杯时，要心怀盼望和热切的期待来展望未来。神把最好的留到了最后。

省察自己，回到十字架

最后，请省察自己，回到十字架。领主餐是一个省察自己、向神认罪的合适时机。福音赐下赦免之恩，因为我们需要它。基督为我们流出宝血，因为只有他的死才能把我们从罪中拯救出来。因此，在主餐中，我们应该重新想起我们需要赦免，我们应该向神承认我们是如何亏缺了他的荣耀。

但不要就此止步。如果主餐让你的罪恶感愈发强烈，那么你就完全没有抓住要点。我们借着领受主餐表明，我们的罪疚感消失了，我们的罪债已偿，我们的刑罚已被人担当，我们的罪已被赦免和遗忘。因此，省察自己之后，请回望十字架。

再次强调

主餐的重点是福音。福音救我们脱离罪，使我们与神和好。福音使神做我们的天父，使耶稣做我们的兄长，并使所有的圣徒做我们的弟兄姊妹。福音将我们连于基督和彼此。

主餐把这一切呈现给我们：让我们看见、触摸和品尝到。借着领受主餐，我们与基督相交，因而也与他的子民相交。当我们吃这饼、喝这杯的时候，我们重申了自己对基督的信靠和对他子民的承诺。当我们领受主餐时，我们再次拥抱了基督，也拥抱了所有属他的人。

经文索引

创世记

9:13-15	37
15:12-17	9
17:10-14	38

出埃及记

2:23-25	9
4-10	9
4:22-23	9
11:1-10	9
12:1-8	9
12:11	10
12:12-13	10
12:14-20	10，15
12:24-27	10，15
12:26-27	11
12:43	11
12:47–48	11
13:8	11
13:14	13
24	38
24:8-11	38

申命记

26:5-8	11

以赛亚书

25:6-10	28

耶利米书

31:31-34	14

马太福音

12:46-50	63
18:15-17	66
26:17-28	13，15，35，77
26:29	26，83
28:19	41，61

马可福音

14:12-26	13，35，38

路加福音

19:6-9	27
22:7-22	13

22:14-15	13	10:14-22	17，18
22:17-20	35	10:16-17	19，33，36，40
22:19-20	15，41		44，55，65，75
		10:19-20	18
约翰福音		10:21	18
2:10	28	10:22	18
		10:27	18
使徒行传		11:17-22	21，31，35，39
2:42	35		54，55，76，78
2:38-41	61，63	11:23-25	22，35，39，
2:42、46	78		77，78
14:23	63，72，73	11:26-29	22，26，35，
15:41	63		36，39，60
16:5	63	11:30-34	23，33，39，
18:22	63		54，78
20:7	35，78	12:3	46
20:17、28	66，72	12:12-26	63
罗马书		**哥林多后书**	
8:24-25	24	2:6-8	66
10:14-17	44		
		以弗所书	
哥林多前书		2:21-22	13
1:2	54	4:11-12	72
5:9-11	23	4:11-16	72
5:10-13	64	5:22-23	26
8:4	18		
10-11	31，54，78	**腓立比书**	

1:1   72

提摩太前书
3:1-7   72

提多书
1:5-9   72，73

雅各书
1:18   46
5:14   72

彼得前书
2:4-5   63

约翰一书
4:20   39

犹大书
12   35

启示录
19:6-9   27，83

WORDsearch® 圣经是生命路(LifeWay)出版社的一个分支机构，自1987年以来一直致力于提供高质量的圣经研究软件，服侍那些通过讲道和教导改变众人生命的基督工人。WORDsearch®为传道人、圣经教师和神学生提供数以千计的《圣经》译本和属灵书籍，为圣经研究节省时间、降低难度且带去更多喜乐。您可以在 MyWSB.com 网站上免费下载和使用WORDsearch®（包括iphone, ipad与安卓设备的App）。